D1669308

Livre d'or en l'honneur de

Avec tout notre amour pour ta Bat Mitzvah !

Printed in France by Amazon
Brétigny-sur-Orge, FR

15048187R00059